RELATIONS

ENTRE

LA FRANCE & LA RÉGENCE D'ALGER

AU XVIIᵉ SIÈCLE

TROISIÈME PARTIE

LA MISSION DE SANSON LE PAGE

ET

LES AGENTS INTÉRIMAIRES

(1633-1646)

PAR

H.-D. DE GRAMMONT

ALGER

ADOLPHE JOURDAN, LIBRAIRE-ÉDITEUR

4, PLACE DU GOUVERNEMENT, 4

1880

RELATIONS

ENTRE

LA FRANCE ET LA RÉGENCE D'ALGER

AU XVIIe SIÈCLE

OUVRAGES DU MÊME AUTEUR.

LE R'AZAOUAT EST-IL L'OEUVRE DE KHEÏR-ED-DIN (BARBEROUSSE) ? — 1 brochure in-8º, Villeneuve-sur-Lot, 1875.

RELATION DE L'EXPÉDITION DE CHARLES V CONTRE ALGER. — 1 volume in-8º, Paris et Alger, 1874.

HISTOIRE DU MASSACRE DES TURCS A MARSEILLE EN 1620. — 1 brochure in-16, Paris et Bordeaux, 1879.

RELATIONS ENTRE LA FRANCE ET LA RÉGENCE D'ALGER AU XVIIᵉ SIÈCLE.

Première partie : LES DEUX CANONS DE SIMON DANSA. — 1 brochure in-8º, Alger, 1879.

Deuxième partie : LA MISSION DE SANSON NAPOLLON. — 1 brochure in-8º, Alger, 1880.

RELATIONS

ENTRE

LA FRANCE & LA RÉGENCE D'ALGER

AU XVIIe SIÈCLE

TROISIÈME PARTIE

LA MISSION DE SANSON LE PAGE

ET

LES AGENTS INTÉRIMAIRES

(1633-1646)

PAR

H.-D. DE GRAMMONT

ALGER

ADOLPHE JOURDAN, LIBRAIRE-ÉDITEUR

4, PLACE DU GOUVERNEMENT, 4

1880

RELATIONS

ENTRE

LA FRANCE & LA RÉGENCE D'ALGER

AU XVIIᵉ SIÈCLE

TROISIÈME PARTIE

LA MISSION DE SANSON LE PAGE ET LES AGENTS INTÉRIMAIRES
(1633 - 1646)

La période dans laquelle nous allons entrer est une des plus obscures de l'histoire de la Régence ; elle paraît aussi en avoir été une des plus agitées. La Course était arrivée à son apogée, et jamais les Reïs d'Alger n'avaient été plus nombreux et plus audacieux. Grâce à eux, la ville regorgeait de richesses (1),

---

(1) « ... Jusqu'à avoir pris plus de mille âmes en deux descentes
» qu'ils ont faites avec leurs galères, l'été passé, tant en Italie qu'en
» Espagne, sans comprendre ce qu'ils ont fait avec leurs navires, qui
» est une très grande pitié de voir le nombre de pauvres marchans
» qu'ils ont pris, de toute sorte de nations, et principalement d'An-
» glois. Je proteste qu'ils en ont pris plus de vingt... dont il s'en est
» trouvé pour la plupart fort riches. Ils n'ont pas épargné l'Espa-
» gnol... ont pris ou mis à fond dix navires des Indes, riches tout ce
» qui se pouvoit ; les Flamans n'ont pas été exempts plus que les
» autres ; les Allemans et Hambourgeois s'y sont trouvés pareille-
» ment ; si bien, Monseigneur, que pour dire avec vérité, il ne se
» peut nombrer le bien qui est venu en cette ville depuis trois mois. »
(Lettre du chevalier du Parc-Martel à M. l'Archevêque de Bordeaux.
(*Documents inédits*, Correspondance de Sourdis, t. II, p. 411.)

et se trouvait, par cela même, complètement à leur dévotion.
Le père Dan raconte (1) que, depuis 1629 jusqu'à 1634, les Algériens firent subir au commerce français une perte de quatre
millions sept cent cinquante-deux mille livres, en lui captu-
rant quatre-vingts vaisseaux, dont cinquante-deux des ports
de l'Océan, et mille trois cent trente et un marins ou passa-
gers, dont cent quarante-neuf se firent musulmans. Cette ex-
pansion de la piraterie fut due à des raisons diverses qu'il
importe de rappeler ici, quand ce ne serait que pour rectifier
une opinion erronée qui a trouvé trop de crédit. On peut les
classer ainsi qu'il suit : 1º changement dans la politique intérieure d'Alger, ou substitution du pouvoir des Reïs à la suprématie de la milice ; 2º recrudescence du fanatisme et de la
haine du nom Chrétien, par suite de l'arrivée des Maures,
bannis d'Espagne au commencement du XVIIᵉ siècle ; 3º per-
fectionnements apportés à la même époque à l'armement na-
val ; 4º nécessité de suffire aux besoins d'une population sans
cesse croissante, et qui n'avait ni commerce ni industrie ; enfin, épuisement de l'Espagne, qui, pendant tout le XVIᵉ siècle,
avait combattu le fléau dont elle était alors presque seule la
victime. Ce furent là les causes qui modifièrent la Course, telle
que l'avaient connue et exercée les fondateurs et les premiers
Pachas d'Alger, et qui la transformèrent en une piraterie effré-
née. Car les Reïs de la première période (2), quoi qu'on en ait
dit, étaient des corsaires et non des pirates ; ils combattaient
sur mer pour le Djehad (guerre sainte), obéissant en cela aux
ordres de leur Souverain Spirituel et Temporel, et respectant les
pavillons amis ou alliés (3). S'ils prenaient des navires de com-

---

(1) Histoire de Barbarie et de ses Corsaires (Paris, 1637, in-4°,
p. 286). Le père Dan compte à partir de 1628 ; mais les documents
que nous avons cités attestent que les Algériens ne firent presque
pas de prises sur les Français en 1628 et 1629.

(2) Presque tout le XVIᵉ siècle.

(3) Il y eut certainement des exceptions ; mais on peut s'assurer
par la lecture des Négociations de la France dans le Levant (Char-
rière, *Documents inédits)*, que la règle ne fut jamais contestée, et que
les délinquants furent châtiés, autant que faire se pouvait.

merce et faisaient des descentes sur les côtes, ils ne faisaient, en définitive, qu'imiter l'exemple des Espagnols et des chevaliers de St-Jean-de-Jérusalem (1). L'analogie devient évidente, quand on considère que les historiens chrétiens (2), tout aussi bien que les musulmans, qualifient de *martyrs* ceux qui tombent victimes dans des expéditions de ce genre, et il est difficile d'accepter sans conteste l'argumentation du père Dan, qui tend à prouver que ceux-là seuls qui font la Course contre les Chrétiens sont des pirates, et que ceux qui l'exercent contre les Infidèles ne méritent que des louanges (3). Les galères et les galiotes d'Alger constituèrent donc à l'origine une véritable armée navale, et non une horde indisciplinée d'écumeurs de mer (4);

(1) Voir, pour les Espagnols, la Chronique de Suarez Montanez (*Revue africaine*, tom. X, p. 112), et pour les chevaliers de St-Jean-de-Jérusalem, toute leur histoire, et la lettre de Soliman II, citée par MM. Sander-Rang et F. Denis. (*Histoire de la fondation de la Régence d'Alger*, t. II, p. 115). — Il y eut, sur les côtes barbaresques, des villes détruites avec une telle férocité, qu'on ne peut plus en trouver l'emplacement exact, entre autres Bresk. (le *Brescar* de Marmol).

(2) Voir *Fray Diego de Haëdo* (Dialogo de los Martyres). Il y qualifie de martyrs des gens pris dans les descentes sur les côtes musulmanes, ainsi que d'autres qui ont excité des révoltes à bord des bâtiments où ils étaient enchaînés à la chiourme, et dans les bagnes où ils étaient renfermés. Dans l'esprit du temps, cela est parfaitement légitime ; mais il faut admettre la réciproque.

(3) « *Bien qu'on les fasse passer pour grands Pyrates, comme gents*
» *qui courent sans cesse la mer Noire, on ne doit point neant moins*
» *leur (aux Russiens et Causaques) imputer à blasme leurs courses, puis*
» *qu'estant chrestiens, ils ne les font que contre les ennemis de la foy...*
» *Aussi, est-il vray qu'ils vont quelques fois jusques à trois ou quatre*
» *lieues de Constantinople... Ils donnent la chasse aux Turcs, le long de*
» *leur coste, et osent mesme bien descendre à terre, où ils font d'es-*
» *tranges dégats dans les villages, etc...* » (Histoire de Barbarie et de ses Corsaires, loc. cit., p. 10).

(4) On trouve une autre preuve très convaincante dans le *Dialogue des Martyrs*, d'Haëdo. En 1567, un capitaine espagnol, Jean Gascon, se fait prendre en essayant d'incendier les galères dans le port d'Alger ; Mohammed ben Sala Reïs le condamne à être brûlé vif. Là-dessus, les *reïs* députent quelques-uns des leurs au Pacha, *demandent et obtiennent* la révocation de l'arrêt, pour ce motif ; *que le capitaine n'a fait qu'exécuter une action de guerre, licite entre ennemis*, et doit être traité comme un captif ordinaire.

cette force était soumise aux ordres de la Porte, ainsi que cela apparut clairement aux attaques dirigées contre Malte, à la bataille de Lépante, et à la reprise de Tunis et de Tripoli. Presque tous les premiers Pachas des côtes barbaresques furent d'anciens Reïs, et plusieurs d'entre eux furent choisis par le Sultan pour exercer le commandement suprême de ses flottes. Cet état de choses dura tant que l'autorité du Grand Seigneur fut respectée à Alger, c'est-à-dire pendant presque tout le XVIᵉ siècle. Mais, lorsque l'administration inquiète et soupçonneuse du Grand Divan y eut envoyé une longue série de Pachas triennaux, les exactions devinrent insupportables, et la mésintelligence ne tarda pas à éclater. De plus, un nouvel élément venait de paraître, qui devait changer complètement le caractère qu'avaient eu jusque là les opérations maritimes : c'étaient les Reïs renégats (1). Ceux-ci, qui, au fond de l'âme, n'étaient pas plus musulmans qu'ils n'avaient été chrétiens, trouvèrent mauvais d'exposer, pour la suprématie de l'Islam, les navires et les chiourmes, sources de leurs richesses, et préférèrent aux batailles la poursuite des vaisseaux marchands et le pillage des côtes. Ce fut leur avénement qui imprima aux déprédations un cachet de cruauté qui n'avait pas été connu jusqu'alors (2). Ils ne craignirent pas, comme nous l'avons vu dans les précédentes études (3), de désobéir ouvertement aux ordres de la Porte, et nous allons les voir tout à l'heure refuser de joindre leurs galères aux flottes Ottomanes, ou tout au moins se faire indemniser d'avance des pertes qu'ils risquaient de subir. A l'époque dont nous nous occupons, celui qui se trouvait à la

---

(1) Les historiens espagnols qualifient de renégats la plupart des Reïs du XVIᵉ siècle : mais ils ajoutent qu'ils avaient été captivés tout enfants, et élevés dans la foi musulmane. Ceux qui vinrent après reniaient de propos délibéré pour pouvoir exercer impunément la piraterie.

(2) Voir, à ce sujet, le très curieux manuscrit du Père Dan : *Les Illustres captifs*. Nᵒ 1919 de la Bibliothèque Mazarine. (Livres II, IV et V).

(3) *Les deux canons de Simon Dansa* (Alger, 1879, in-8ᵉ), et *La Mission de Sanson Napollon* (Alger, 1880, in-8ᵉ).

tête de ce mouvement était Ali Bitchnin (1), Amiral des Galères
et chef de la Taïffe des Reïs. Ses richesses étaient énormes. Il
avait deux somptueuses habitations, l'une dans la haute ville,
l'autre près de la mer. Il avait fait construire à ses frais une vaste
mosquée (2), à laquelle touchaient ses bagnes, qui renfermaient
plus de cinq cents captifs, sans compter ceux qui ramaient sur
ses navires et ceux qui cultivaient ses nombreuses métairies (3).
La puissance occulte dont il disposait le rendait le véritable roi
d'Alger (4), et il rêvait de le devenir en effet, de se rendre indé-
pendant de la Porte, et de se débarrasser de la milice. Pour
atteindre ce but, il avait épousé la fille du *Sultan de Kouko*, ce
qui assurait son influence sur les *Berranis* Kabyles très nombreux à Alger, et s'était fait une clientèle parmi les Coulouglis,

---

(1) *Bitchnin* est une corruption du nom italien : *Piccinino*. Des
actes retrouvés par M. Devoulx (*Revue africaine*, t. VIII, p. 34) nous
font savoir qu'il était déjà à Alger en 1599 ; il est qualifié au même
endroit *d'affranchi du caïd Fatah Allah ben Kodja Biri*. Diverses traditions nous donnent à croire qu'il y a là une erreur d'interprétation.
Le Piccinino paraît être venu à Alger de sa pleine volonté, avec un
bâtiment sur lequel il avait déjà exercé la piraterie dans l'Adriatique.
Dans ce cas, *affranchi* signifierait *converti*; *Fatah Allah* la formule de
l'abjuration ; et *Khodja Biri* celui qui avait enregistré cette même
formule.

(2) La *Djama Ali Bitchnin*. C'est aujourd'hui l'église Notre-Dame-
des-Victoires, dans la rue Bab-el-Oued. Le minaret, qui menaçait
ruine, a été rasé en octobre 1860, pour cause de sécurité publique. Il
avait été construit en 1623.

(3) Un gentilhomme flamand, Emmanuel d'Aranda, qui fut esclave
de ce célèbre corsaire, en parle longuement dans le récit qu'il nous a
laissé : *Relation de la captivité et liberté du sieur Emmanuel d'Aranda*.
(Cet ouvrage a eu, depuis 1656 jusqu'à 1682, huit éditions, cinq françaises, une latine, une anglaise et une flamande). C'est un livre très
curieux, devenu fort rare, et qui mériterait d'être réédité. Aucun
ouvrage ne donne mieux une idée de ce qu'était Alger dans ce temps-
là, et du caractère des corsaires de l'époque.

(4) On peut remarquer, dans toutes les lettres des Rédemptoristes
et des captifs de cette période (1630-1646) qu'ils ne parlent jamais du
Pacha ; c'est Ali Bitchnin qui est tout : on le qualifie de *Gouverneur*,
et on tient compte du moindre de ses actes. Cela démontre d'une
façon évidente que c'était lui qui était le véritable souverain.

toujours prêts à se révolter contre l'oppression des janissaires (1). S'il eût réussi dans ses desseins, c'eût été la conclusion de la lutte sourde qui existait, presque depuis la fondation de l'Odjeac, entre la milice et la marine (2); et qui avait failli se résoudre en 1583 par l'arrivée au pouvoir de Mami-Arnaut. Mais l'indiscipline et l'impatience des Colourlis gâta tout.

Le désordre était à son comble à Alger. Préludant à la révolution qu'elle devait accomplir vingt-six ans plus tard, l'assemblée tumultueuse du Divan venait de soustraire au Pacha l'administration du trésor, et n'en exigeait pas moins qu'il soldât les troupes au moyen de quelques droits Régaliens qui lui avaient été conservés (3). Le vieil *Hossein*, impuissant et affolé de peur, consentait à tout ; mais l'argent vint à lui manquer. Comme de coutume, les janissaires accoururent, portant, en signe de protestation, les marmites renversées ; l'émeute habituelle s'en suivit, et le Pacha fut maltraité et emprisonné par elle. Les Colourlis crurent pouvoir profiter de ce désordre pour revendiquer leurs droits. Dès l'origine, ils avaient été systématiquement écartés des honneurs et du pouvoir (4), par suite de la

---

(1) Les Colourlis étaient les fils de Turcs et de femmes indigènes, appartenant, d'un côté, à la race des vainqueurs, et ayant, de l'autre, des attaches dans le pays ; il était à craindre qu'ils n'y devinssent prépondérants. L'histoire nous apprend, du reste, que la polygamie devient, par elle-même, une cause de méfiance contre les enfants issus du mariage ; c'est de là qu'est né l'ordre bizarre de succession adopté chez la plupart des populations orientales.

(2) Voir la *Revue africaine* (t. XV, p. 3). Dès l'origine, les richesses acquises par les Reïs avaient excité la jalousie des Ioldachs, si maigrement payés. De leur côté, les capitaines-corsaires dissimulaient à peine leur dédain pour ceux qu'ils appelaient entre eux : *les Bouviers d'Anatolie*.

(3) C'est une question très obscure. Il est bien certain que, déjà antérieurement à cette époque, le Divan avait songé à mettre les fonds publics à l'abri de la rapacité des Pachas ; mais il nous est impossible de dire exactement quelles mesures avaient été prises ; nous n'avons qu'une certitude : c'est que le droit fixe sur les prises et la faculté de racheter les esclaves au prix des enchères leur avait été conservé.

(4) C'était une règle inviolable ; on attribuait à Kheïr ed Din lui-

méfiance turque, qui appréhendait qu'une race nouvelle, née dans le pays, ne vint à y prospérer et à les supplanter : malgré cette précaution, ils étaient devenus assez menaçants pour qu'on se fût décidé à les expulser, et, en 1629, ils avaient été chassés de la ville, avec un délai d'un mois pour quitter le royaume lui-même (1). Mais il était plus facile d'édicter une semblable mesure que de la faire respecter, et la plupart des bannis se trouvaient aux environs d'Alger, ou dans la ville même.

Le 1er juillet 1633 (2), ils rentrèrent dans la cité, par petits groupes, déguisés en fellahs, et porteurs d'armes cachées : ils fondirent subitement sur les janissaires et parvinrent à occuper quelques postes. Ils comptaient sans doute sur l'appui de la population de la ville, qui n'eût pas tardé à se déclarer en leur faveur, s'ils eussent été les plus forts : mais le moment avait été mal choisi. C'était la saison de la course : tous les Reïs étaient sur mer avec leurs équipages, et eux seuls eussent pu entraîner ces citadins, dont la couardise était notoire, et faisait le sujet des plaisanteries quotidiennes des Turcs (3). Remis de leur pre-

---

même les mots suivants : « *Que vos enfants ne puissent jamais être Kerassa* » c'est-à-dire, obtenir les places qui donnaient droit à être assis dans le Divan. C'était la théorie de la conservation du pouvoir entre les mains des Turcs de pure race.

(1) Voir le Père Dan *l'Histoire de Barbarie*, déjà cité, p. 125). Il se trompe en disant que les Colourlis étaient admis aux premières places dans le Divan : les Turcs s'y opposèrent toujours formellement ; les recherches modernes ne laissent aucun doute à ce sujet (Voir dans la *Revue africaine* (passim) les travaux de MM. Berbrugger, Devoulx, etc.)

(2) Il y a eu à ce sujet de nombreuses erreurs de dates : M. Berbrugger a dit que ce fait se passait en 1638 ; d'autres ont copié sans contrôler ; M. Sander-Rang, habituellement si exact, n'en parle même pas ; tout compte fait, on doit s'en rapporter au P. Dan, qui se trouva à Alger très peu de temps après l'évènement, et à la *Gazette de France*, dont nous reproduisons l'article un peu plus loin.

(3) Les janissaires racontaient, qu'un jour, les Baldis (citadins), las des déprédations que les tribus du Bou-Zaréah exerçaient sur leurs jardins et leurs villas, demandèrent au Pacha l'autorisation de former parmi eux une sorte de garde urbaine pour châtier ces malfaiteurs. La permission fut donnée, et, par une nuit noire, la nouvelle troupe s'embusqua sur les bords de l'Oued M'rasel (le ruisseau

mière surprise, ceux-ci s'empressèrent de fermer les portes d[u]
remparts, et chargèrent vigoureusement les insurgés, qui se dé[-]
fendirent en désespérés. Ils se virent bientôt refoulés dans l[a]
haute ville et attaquèrent la Casba (1), soit pour s'en faire un[e]
place d'armes, soit pour se ménager une issue vers la campagn[e.]
Au milieu de l'action, la poudrière prit feu et sauta (2). La for[-]
teresse fut détruite, avec plus de cinq cents maisons ; ce[t]
épisode de la révolte causa la mort de plus de six mille per[-]
sonnes (3). Ceux des rebelles qui survécurent à ce désastre fu[-]
rent traqués dans les rues et dans les habitations, massacrés su[r]
place, ou réservés pour périr dans tous les supplices que pu[t]
inventer l'ingénieuse férocité des Turcs. Les fuyards se réfu[-]
gièrent en Kabylie, et ce seul fait prouve qu'il existait une com[-]
plicité antérieure.

---

des Blanchisseuses, à quelques pas de la porte Bab-el-Oued). Aprè[s]
quelques heures de silence et d'attente, un gros chien vint à aboyer :
une panique s'empara des bourgeois, qui s'enfuirent en jetant leurs
armes. Les Turcs en rirent, et il en resta un proverbe : « *Le chien a*
aboyé, et le Baldi a fui. »

(1) La *Casbah Codima*, qui se trouvait située sur l'emplacement de
la batterie turque, dont nous avons fait, en 1830, le bastion n° 11.

(2) Il y a quelques variantes à ce sujet. D'après le Père Dan
(*Histoire de Barbarie*, p. 126), les Colourlis prirent la Casba et mirent
eux-mêmes le feu aux poudres, quand ils virent qu'ils ne pouvaient
plus tenir. Le récit de la *Gazette de France* dit au contraire que ce
furent les Turcs qui se firent sauter plutôt que de se rendre. « Les
» Mores bannis du royaume d'Alger par les Turcs s'étaient déguisés
» en paysans, et, par intelligence avec autres habitants de la ville
» d'Alger, s'étaient jetés dans la ville, faisant en tout six mille per-
» sonnes. Mais, voyant qu'ils n'étaient pas secourus des autres
» comme ils croyaient, et qu'on avait fermé les portes sur eux, et
» qu'ils n'étaient capables de prendre ni garder la ville, ils escala-
» dèrent le Chateau, lequel la garnison Turquesque qui y était ne
» pouvant défendre, elle résolut de se perdre plutôt que de tomber
» eux et la place entre leurs mains ; ils mirent le feu dans l'arsenal,
» dont l'effort fut tel que, non-seulement tout le Chateau vola avec
» eux, mais aussi un tiers de la ville en fut brûlé.... Les Mores qui
» ont pu échapper le feu et le supplice des Turcs, se sont retirés
» dans les montagnes du Couque. » (*Gazette de France*, année 1633,
p. 454.)

(3) Voir le P. Dan (*Histoire de Barbarie*, p. 127).

Pendant que tout cela se passait à Alger, la cour de France hésitait à donner un successeur à Sanson Napollon et à renouer des négociations avec le Pacha et le Divan. Il y avait à ce sujet, dans le Conseil royal, deux opinions contraires et bien tranchées. Les uns voulaient une guerre sans merci et demandaient l'extermination de la marine Barbaresque ; ils proposaient une expédition vigoureuse, qui eût détruit par le fer et le feu les navires et les défenses des ports ; cette campagne eût été suivie d'une série ininterrompue de croisières annuelles (1), qui eût empêché les Corsaires de créer de nouvelles forces. Le parti opposé représentait les dépenses énormes qu'occasionnerait l'entretien des flottes, la difficulté des ravitaillements, et la situation périlleuse dans laquelle se trouveraient les navires Français, le jour où des nécessités politiques entraîneraient une guerre avec des nations maritimes. De plus, une fois des opérations de ce genre commencées, on ne pouvait pas affirmer qu'on ne serait pas forcé d'aller plus loin, et qu'il ne serait pas bientôt indispensable d'occuper en permanence des points importants, ce qui créerait naturellement une mésintelligence avec la Porte, souveraine nominale de ces contrées. Et la question devenait ici d'autant plus grave que la France s'occupait en ce moment d'abaisser la puissance de la maison d'Autriche, et qu'il n'eût pas été sage de se priver de l'aide que lui apportait dans cette œuvre l'hostilité séculaire *du Turc*. Les partisans de la paix l'emportèrent donc cette fois encore, et il fut résolu qu'on ferait une nouvelle tentative. En conséquence, le Roi nomma, comme successeur de Sanson Napollon aux *Établissements*, Sanson Le Page, premier hérault d'armes de France au titre de Bourgogne, et le chargea en outre de se rendre à Alger et d'y demander la restitution des captifs Français, et des modifications au traité de 1628. Il semble qu'on ne comptait guère obtenir la mise en liberté des esclaves, puisque le Délégué du Roi emmenait avec lui le père Dan, de l'ordre de la T.-S. Trinité (2) pour la rédemp-

----

(1) Voir, dans les Documents inédits, la correspondance de Richelieu et celle de Sourdis.

(2) Il n'entre pas dans le cadre de ce récit de faire l'histoire des

tion des captifs, porteur d'une grosse somme destinée à des rachats, qui nous a laissé une relation assez détaillée de son voyage. Voici les pièces officielles qui confirment la nomination du nouveau gouverneur du Bastion, et l'accréditent comme délégué à Alger :

Ordonnance de Louis XIII, commissionnant M. Sanson Lepage.

« Le Roy, ayant agréable pour la sureté du commerce des mers de Levant et partout ailleurs où les vaisseaux Francois peuvent rencontrer ceux de Barbarie, d'accepter pour ses sujets les articles de paix proposés par le Divan et Milice d'Alger, au mois de septembre mil six cent vingt-huit, à défunt Sanson Napollon, Capitaine du Bastion de France audit pays de Barbarie, Sa Majesté envoye présentement le capitaine Sanson Le Page en la ville d'Alger, comme aussi à Tunis et Tripolly de Barbarie, y déclarer sa résolution sur ce sujet et le désir qu'Elle a d'affermir par une bonne paix la liberté du commerce entre ses sujets et ceux du Grand Seigneur ; suivant les anciennes capitulations qu'Elle a avec Sa Hautesse, et spécialement entre sesdits sujets, et ceux du Grand Seigneur en Barbarie, selon lesdits articles. Pour cet effet, Sa Majesté donne tout pouvoir, commission et autorité audit Sanson Le Page, d'accepter lesdits articles en son nom, néanmoins avec la réformation que Sa Majesté estime y devoir être apportée, à laquelle Elle ne doute point que ceux d'Alger et autres ne consentent, s'ils ont un véritable et sincère désir d'observer cette paix, en donnant par eux satisfaction des prises qu'ils ont faites des vaisseaux et marchandises sur les Francois. Promettant Sa Majesté en foy et parole de Roy, avoir lesdits articles pour agréables et iceux faire observer inviolablement par ses sujets, sans y contrevenir en aucune manière que

---

deux ordres qui s'occupèrent à Alger du rachat des captifs, la Trinité et la Mercy ; les longs et souvent héroïques services que rendirent ces Religieux mériteraient une étude particulière, qui n'a encore été faite que très superficiellement.

ce puisse être ; pour assurance de quoy Elle a signé les présentes de sa main, et à icelles fait apposer son scel. Écrit et contre-signé par moy, son Conseiller, Secrétaire d'État et de ses Commandements et Finances.

» Fait à St-Germain-en-Laye, le neuvième jour de décembre mil six cent trente-trois.

» *Signé :* Louis.

» *Contresigné :* Bouthillier. »

Lettre de Louis XIII à MM. les Viguiers, Consuls et Habitants de Marseille.

« De par le Roy,

» Chers et bien amés, Nous envoyons présentement le capitaine Sanson Le Page en Barbarie pour commander au Bastion de France, comme faisoit le défunt capitaine Sanson Napollon. Il a ordre aussi de passer en Alger, Tunis et Tripolly de Barbarie, pour y faire entendre ma résolution sur certains articles de paix proposés, en l'année mil six cent vingt-huit, par le Divan et Milice dudit Alger, audit défunt capitaine Sanson Napollon ; sur quoy nous avons voulu vous faire savoir par la présente, que la considération du bien et utilité qui reviendra à nos sujets de la Provence, et spécialement de notre ville de Marseille, quand la paix sera établie avec ceux de Barbarie, nous a portés à donner un commandement audit Sanson Le Page, pour l'établissement de ladite paix, et surtout de prendre les suretés nécessaires pour l'observation d'icelle. Vous aurez à lui fournir un vaisseau pour son voyage, et à l'informer, au reste, de tout ce qu'il désirera savoir de vous pour l'exécution des ordres que nous lui avons donnés. A quoi vous ne ferez faute ; car tel est notre plaisir.

» Donné à St-Germain-en-Laye, le neuvième jour de décembre mil six cent trente-trois.

» *Signé :* Louis.

» *Contresigné :* Bouthillier. »

Lettre de Louis XIII au comte de Joigny (1), Général des galères.

« Monsieur le Comte de Joigny,

» Je vous ay cy devant donné ordre de mettre en liberté les esclaves Turcs qui sont sur mes galères, et de les délivrer es mains du sieur Sanson que j'ay envoyé en Levant, à fin qu'il les rende. Il convient avec ceux d'Alger, tant de la délivrance des esclaves Chrestiens, et particulièrement de mes sujets, que de la liberté du commerce pour tous les marchands qui trafiquent sous la bannière de France, croyant que ce seroit un moyen pour faire venir ces corsaires à la raison ; mais, ayant considéré le peu de foy qu'il y a en eux, et que, s'ils voyoient qu'on leur mène à la fois tous ces esclaves, ils pourroient, au lieu de traiter avec celuy qui les conduiroit, user de violence pour les avoir et abuser de cette bonne foy. Je vous fais cette lettre pour vous dire que mon intention est bien de les faire rendre, mais que, pour n'être pas trompé en ce faisant, Je veux que vous commenciez à en mettre au pouvoir dudit Sanson trois ou quatre seulement, et d'entre ceux qui sont de médiocre condition, à fin de faire voir par là que Je veux leur ramener tout le reste s'ils satisfont, de leur côté, à la délivrance de mes sujets ; comme aussi, en retenant les plus qualifiés et tous les autres (excepté ces trois ou quatre), les obliger à l'effet de ce que sera arrêté par ledit Sanson avec eux ; et me remettant sur vous de ce choix desdits esclaves, en sorte qu'il paraisse qu'il a été fait sans affectation et que ma volonté puisse être accomplie,

» Je prie Dieu, Monsieur le Comte de Joigny, vous avoir en sa sainte garde.

» Écrit à St-Germain-en-Laye, le trois février mil six cent trente-quatre.

» *Signé :* Louis (2). »

---

(1) Philippe-Emmanuel de Gondy, comte de Joigny.

(2) Cette lettre est très curieuse, parce qu'elle donne la mesure

Lettre de M. de Vitry (1) à MM. les Consuls de la ville de Marseille.

Aix, le 17 février 1634.

« MESSIEURS,

» J'ay receu lettres du Roy par le capitaine Sanson Le Page, présent porteur, par laquelle Sa Majesté me marque qu'elle l'envoye pour commander au Bastion de France et lieux en dépendant, et qu'Elle lui a donné ordre de passer en Alger, Tunis et Tripolly de Barbarie pour y faire savoir sa résolution sur certains articles de paix proposés en l'année mil six cent vingt-huit par le Divan au feu capitaine Sanson Napollon, lesquels articles Sa Majesté trouve bon que ses sujets observent dorénavant, selon qu'ils ont été réformés maintenant par le Roy, ainsi que vous pourra dire ledit capitaine Sanson, et Sa Majesté me commande en outre, me faisant savoir son envoy de lui donner toute l'assistance qui dépend de l'autorité de ma charge pour l'exécution de ses ordres qu'il a de Sadite Majesté et particulièrement de lui faire fournir par votre Ville un vaisseau tel qu'il lui est nécessaire pour son voyage. De quoy je vous ay bien voulu donner

---

exacte des agissements de la cour de France, lorsqu'elle traitait avec les Barbaresques. On voit que, d'un côté, Sanson Le Page est autorisé à promettre la relaxation de tous les captifs, et que, de l'autre, le général des galères ne doit lui en délivrer que trois ou quatre à la fois, et de *médiocre condition*. Il faut remarquer que ces prisonniers étaient ceux qui avaient été capturés indûment par M. de Razilly, au moment où les deux nations vivaient sous l'empire du traité de 1628, respecté jusque-là par les Algériens. Il fallait bien peu connaître ceux-ci pour croire qu'une semblable démarche pourrait aboutir à un résultat quelconque, et il eût mieux valu commencer la guerre tout de suite. Ce n'est pas, du reste, la dernière fois que nous aurons à constater des faits de ce genre, et nous verrons que ce furent les mêmes errements qui devinrent la cause principale de la coûteuse et inutile expédition de Duquesne.

(1) Nicolas de l'Hospital, maréchal de Vitry, né en 1581, mort duc et pair en 1644; gouverneur de Provence après le duc de Guise, jusqu'en 1637, où il fut mis à la Bastille pour avoir frappé M. de Sourdis, archevêque de Bordeaux.

avis et de tout ce que dessus, qui vous importe par réfection d
votre commerce, outre le service du Roy. Vous verrez aussi, pa
cette même voye, comme ledit capitaine Sanson arrêtera de del
la restitution des Turcs qu'il a pouvoir de retirer des galères pa
commandement de Sa Majesté. Il désire particulièrement fair
la condition de vos esclaves et procurer leur liberté en tout c
qui lui sera possible pour votre contentement ; et comme i
conférera avec vous de tout ce qui vous peut regarder, et que s
vous avez besoin de quelque chose en particulier de lui, vou
me le ferez savoir, à fin que je lui recommande soigneusement
je ne vous en diray davantage : seulement il mérite d'être estimé
pour être homme de service, homme de bien, de bon sens, af-
fectionné du Roy, et qui a toute sorte de bonnes intentions en
sa charge. Sur quoy, je suis, Messieurs, votre très-affectionné et
très-assuré ami.

» VITRY. »

Bien que la nomination de Sanson Le Page remonte au 9 décembre 1633, ce ne fut que le 12 juillet 1634 qu'il s'embarqua
pour Alger, où il arriva le 15 du même mois (1). C'était un sa-
medi, jour où le Divan avait coutume de se réunir ; l'envoyé
du Roi reçut une députation qui l'invita à se rendre à l'assemblée. Aussitôt introduit, il exposa l'objet de sa mission, et fut
accueilli favorablement ; la promesse de restitution rapide des
captifs produisit le meilleur effet, et on fit immédiatement pro-
clamer par toute la ville que celui qui offenserait l'Ambassadeur
ou quelqu'un de sa suite serait puni de mort. En même temps,
on déchargea du dur travail des carrières les esclaves français
du Beylik. Cependant, rien ne fut résolu quant au fond, parce
qu'on attendait d'un jour à l'autre un nouveau Pacha, qu'on
savait avoir été nommé à Constantinople, en remplacement du
vieil Hosseïn.

---

(1) Voir, pour les détails de cette traversée exceptionnellement
courte, le père Dan (*Histoire de Barbarie*, loc. cit., p. 42), qui faisait
partie de la suite de Sanson Le Page.

Il arriva, en effet, deux jours après, et donna audience au délégué le surlendemain de son installation. Il s'excusa d'abord de rien conclure, disant qu'il lui fallait le temps de prendre connaissance des affaires, et traîna ainsi les choses en longueur pendant trois semaines. Il profita de ce délai pour se faire accorder par le Divan la permission de traiter lui-même et sans intermédiaires avec la France.

Ce nouveau Pacha se nommait Ioussouf. C'était un homme artificieux et cupide (1) ; il avait été forcé de dépenser de fortes sommes pour se faire nommer au poste qu'il occupait en ce moment, et ne songeait qu'à rentrer dans ses déboursés et à s'enrichir le plus vite possible. Il crut avoir trouvé là une source de fortune et se mit à manœuvrer en conséquence. Il fit d'abord décider qu'on ne pouvait pas rendre sans indemnité les vaisseaux, marchandises et prisonniers qui avaient été vendus, attendu que ce serait frustrer les acquéreurs, qui avaient acheté de bonne foi aux enchères publiques, et que d'ailleurs le tout était de bonne prise, les Français ayant commencé les hostilités. On s'attendait un peu à cette première réponse, et le Père Dan se mit en devoir de racheter de gré à gré les esclaves à leurs propriétaires. Sanson Le Page introduisit alors une nouvelle demande et proposa d'échanger les soixante-huit Turcs qui se trouvaient à Marseille contre les trois cent quarante-deux Français sur lesquels l'*embargo* avait été prononcé (2).

Cela agréait fort au Divan, et avait beaucoup de chances d'être accepté : ce que voyant le Pacha, il fit courir le bruit qu'il y avait en France beaucoup plus de Turcs qu'on n'offrait d'en rendre, et qu'on en avait vendu une partie à Malte. Pour appuyer ces rumeurs, il organisa secrètement une émeute de la populace, et chercha à se faire accorder par le Conseil la permission de vendre

---

(1) Voir le P. Dan, et Sander-Rang (*Précis analytique de l'histoire d'Alger*, publié par le Gouvernement dans le *Tableau des établissements français*, 1843-1844).

(2) Ils étaient détenus depuis l'infraction de Razilly. (Voir notre précédente étude : *La Mission de Sanson Napollon*). On les appelait : les *Français francs*, pour les distinguer de ceux qui avaient été vendus.

les *Français francs*, disant que c'était le véritable moyen de
hâter la solution du différent ; en réalité il ne voulait que
mettre la main sur la grosse somme que cette vente eût produite.
Mais un pareil dessein était trop facile à pénétrer, et l'autorisation qu'il demandait lui fut refusée. Il suscita alors de nouvelles
difficultés, demanda une indemnité dérisoire, offrit de laisser
partir autant de Français qu'on lui renverrait de Turcs ; enfin,
pressé par les plaintes des familles des détenus, et n'osant pas
s'opposer ouvertement à un arrangement, il eut l'adresse de leur
persuader que le Roi de France ne tiendrait pas sa parole quand
il aurait recouvré ses sujets, et qu'il fallait exiger la rentrée
préalable des leurs. Cet avis prévalut, et ce fut en vain que Le
Page s'offrit à rester lui-même en otage, ou à faire le renvoi
exigé, si le Divan consentait à envoyer deux de ses principaux
membres en garantie des engagements qu'on allait prendre.
Voyant que toutes ses démarches restaient inutiles, et qu'il était
joué, il se résolut à se retirer, et partit d'Alger le 21 septembre,
malgré l'opposition sourde de Ioussouf, qui poussa la fourberie
jusqu'à l'accabler de compliments et de témoignages d'amitié,
cherchant à lui persuader qu'il avait toujours pris son parti, et
que les demandes de la France n'avaient été repoussées que
grâce aux intrigues de l'ancien Pacha (1).

En somme, tout le monde était mécontent, comme le fait très
justement observer le Père Dan ; l'ambassadeur, d'avoir échoué
dans sa mission ; le Divan, de voir se prolonger la captivité de
ses parents et amis, et enfin le Pacha, dont l'astucieuse cupidité avait été déjouée, et auquel il ne restait que la consolation
d'avoir empêché une paix qui eût diminué ses parts de prises.

Sanson Le Page alla visiter les établissements, et retourna
rapidement en France, pour y rendre compte de son insuccès. Il
arriva à Marseille le 9 octobre ; il était parti de La Calle le 5 du
même mois.

Il fallait en revenir au système des croisières permanentes, et,
le 7 mai 1635, le Roi ordonna la formation d'une *Escadre contre*

---

(1) Pour tous les détails qui précèdent, consulter le récit du P. Dan,
témoin oculaire (*Histoire de Barbarie*, déjà citée, p. 41-51).

les pirates de la Méditerranée. En raison de l'urgence, il fut pris des dispositions spéciales et quelque peu arbitraires (1).

En même temps, les populations des côtes furent invitées à former des milices et à prendre les mesures nécessaires en vue de débarquements probables (2) ; plus d'un exemple prouve que ces ordres furent exécutés (3). Les Chevaliers de Malte rendirent là de glorieux services, soit que, des Commanderies où ils étaient retraités, ils se missent à la tête de ces troupes mal habiles (4), soit que, croisant dans les mers de France, ils apprissent, par de dures leçons, aux corsaires Algériens à en respecter les rivages (5). Somme toute, la Provence et le Languedoc ne souf-

---

(1) Il est ordonné par la *Déclaration* du 7 mai, de saisir, pour renforcer la chiourme de l'escadre nouvellement créée, tout vagabond ou mendiant valide, et autres gens sans aveu, *et ce, sans formalité de procès.* Voilà qui se rapproche fort de la célèbre *presse* des Anglais !

(2) Au mois de février 1647, trois corsaires firent une descente près de St-Tropez, et envahirent la Chartreuse d'Argentières, où ils espéraient prendre le Trésor et l'Évêque de Toulon, qui s'y trouvait en tournée épiscopale ; prévenu à temps, ce prélat put se sauver avec la plupart des Chartreux ; trois d'entre eux seulement tombèrent entre les mains des Algériens.

(3) On lit dans la *Gazette de France* :

Marseille, le 17e juillet 1635.

« Une fausse alarme que nous donnèrent hier, à dix heures du » soir, deux coups de canon tirés du Chateau d'If, sur l'approche de » quelques galères, a fait reconnaître à cette ville ses forces ; huit » mille bourgeois s'étant trouvés en une heure bien armés dans dix- » sept corps de garde, et toute la côte prochaine bien garnie des ha- » bitants du pays. » (*Gazette de France*, 1635, p. 420.)

(4) Dans les moments de danger, la Commanderie elle-même devenait une forteresse et un lieu d'asile. Les chroniques locales ont conservé le nom de beaucoup de ceux qui, dans leur vieillesse, donnaient ainsi le noble exemple du courage et du patriotisme.

(5) Il faudrait un volume pour raconter leurs exploits ; nous en rappellerons deux, qui furent accomplis précisément à cette époque : au commencement de décembre 1633, le *chevalier de Valence* rencontra, dans les eaux de Marseille, cinq galions d'Alger, qui avaient pris deux navires marchands, le *Saint-Lazare* et la *Notre-Dame*, estimés deux millions. Malgré la faiblesse de ses forces (il montait une petite hourque de 6 canons, 2 pierriers et 50 hommes d'équipage), il attaqua les pirates, combattit pendant dix heures de suite, et rentra

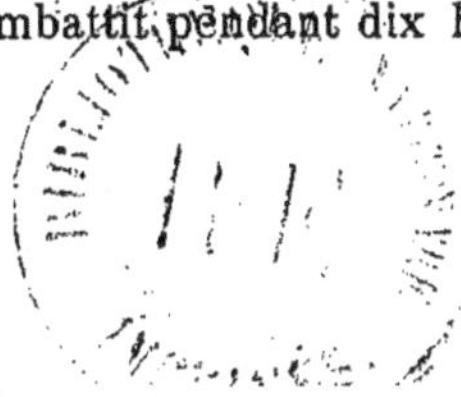

frirent pas trop, et le pays fut plutôt insulté que maltraité. Il n'en fut pas de même de l'Italie, dont le malheureux peuple apprit à ses dépens ce que coûtent les dissensions intestines, le mauvais gouvernements et l'oubli des traditions militaires. Toutes ces conditions en faisaient une proie facile, que les corsaires se gardèrent bien de laisser échapper, et son littoral eut à subir régulièrement deux débarquements annuels. Aucun de ceux des Algériens qui avait fait une course infructueuse ne manquait d'aller la terminer entre Gênes et Messine, afin de n'avoir pas la honte de rentrer au port les mains vides. Quelquefois l'expédition se faisait en grand ; nous en citerons plusieurs exemples : au mois d'août 1636, le Vice-Roi de Naples fut forcé d'appeler à son secours le grand maître de Malte : les corsaires avaient profité de la foire annuelle de Messine pour tout piller ; de là, ils avaient été enlever 700 personnes en Calabre, et ils venaient d'investir Vico, dont tous les habitants s'étaient enfuis dans la montagne (1). Au printemps de 1637, ils revinrent saccager la Sardaigne, pillèrent et brûlèrent Ceriale et Borghetto, y firent plus de 500 captifs, ravagèrent une partie des côtes de la Sicile et de la Corse ; ils recommencèrent à l'automne de la même année (2) et en 1638 (3), où ils débarquèrent au nombre de 1,500 à Crotone, après avoir fait mille dégâts près de Gaële. En 1639, Ali-Bitchnin ne fut empêché que par une terrible tempête de s'emparer du riche trésor de Notre-Dame de Lorette ; il se ra-

---

à Leucate n'ayant plus que 15 hommes valides, et son bâtiment percé de plus de 200 coups de canon, après avoir fait un mal terrible à l'ennemi (*Gazette de France*, 1635, p. 6). — En novembre 1635, deux galères de Malte, commandées par les deux frères *de Vilages*, sont entourées par la flotte d'Alger, forte de quinze galions, et sommés de se rendre ; ils ouvrent le feu, repoussent toutes les attaques, tant que dure le jour, et profitent de la nuit pour se frayer un passage à travers l'ennemi, déconcerté d'un aussi rude combat (*Gazette de France*, 1636, p. 170). Dans le même moment, et par de semblables actions, se couvraient de gloire les chevaliers Garnier, Pol, Cadet de Bègue, de Moustiers, et tant d'autres qu'il serait trop long de citer.

(1) *Gazette de France*, année 1636, p. 537, 553, 569.
(2)   Id.   1637, p. 361, 433, 489, 784.
(3)   Id.   1638, p. 353, 425.

battit sur la Calabre et la Sicile, d'où il ramena un millier d'esclaves (1). En 1644, les Algériens mirent à sac le pays de Mondragone, la banlieue de Squillace, la Pouille et la Calabre ; ils y firent 4,000 prisonniers (2). Les galères Toscanes et Napolitaines n'osaient plus les combattre (3). Cela dura ainsi pendant plus de deux siècles, et on se demande comment ces misérables populations purent y résister et continuer à vivre.

En même temps qu'ils écumaient le bassin Occidental de la Méditerranée (4), leurs navires franchissaient le détroit de Gibraltar, et poussaient presque jusqu'au Cercle Polaire leurs courses aventureuses. L'Angleterre, l'Irlande, l'Islande même (5), les voyaient paraître sur leurs rivages. Le P. Dan, qui a dénombré leurs forces, nous dit qu'ils avaient à cette époque soixante-dix vaisseaux de quarante à vingt-cinq pièces de canon (6), tous « *les mieux armés qu'il fût possible de voir.* » Il faut ajouter à cela au moins le double de petits *bâtiments de rame* (7), pour avoir une idée de l'incroyable développement qu'avait pris la marine d'Alger. La France allait donner aux nations européennes le signal et l'exemple de la résistance.

Le 1er mai 1636, MM. de Sourdis et d'Harcourt partirent de Paris pour aller se mettre à la tête de l'escadre de la Méditerranée ; la flotte appareilla le 10 juin, et rentra le 29 juillet à Marseille, ramenant avec elle cinq bâtiments ennemis (8). Cette première démonstration éloigna les pirates des eaux françaises et de

---

(1) *Gazette de France*, année 1639, p. 221, 305.
(2)   Id.   1644, p. 633, 645, 677.
(3)   Id.   1637, p. 784 et année 1638, p. 353.
(4) Ils n'osaient pas trop s'aventurer dans le bassin Oriental ; Malte était une sentinelle dangereuse pour eux, et les Reïs, tout hardis qu'ils fussent, craignaient la rencontre des Chevaliers, surtout quand ils avaient une riche prise à remorquer.
(5) *Histoire de Barbarie*, déjà citée, p. 276.
(6)   Id.   id.   p. 279.
(7) Les galères et les galiotes à rames des Algériens étaient très basses sur l'eau, et ne pouvaient pas affronter l'Océan, mais rendaient de précieux services dans la Méditerranée.
(8) *Gazette de France*, 1636, p. 506.

la route du Levant. La frayeur avait été grande à Alger, où
avait craint une attaque ; Ioussouf Pacha profita de cette pani
pour lever un impôt extraordinaire de trois cent mille piast
sur les tribus, et de deux cent mille sur les villes ; ce subs
était destiné, disait-il, à réparer les fortifications. Mais il
remplacé au mois de juin de l'année suivante par Ali Pacha (
et partit pour Constantinople, avec tout l'argent qu'il avait
récolter. Le nouveau Gouverneur était un homme d'un car
tère faible, qui ne sut prendre aucune autorité à Alger. Quan
Ioussouf. c'est très probablement de lui qu'il est question d
la légende controuvée d'un Pacha d'Alger pris à cette époq
par les croisières françaises (2). Peu de jours après l'arrivée d'
Pacha, Mourad, bey de Constantine, s'empara traîtreuseme
du cheik El-Arab Mohammed ben Sakheri, et le fit décapit
ainsi que son fils Ahmed et une dizaine des principaux che
Il croyait affermir son pouvoir par cette exécution barbare, q
ne fit qu'amener une révolte, comme nous le verrons un p
plus loin.

---

(1) Le 27 juin 1637. — Sur la plupart des chronologies des pach
d'Alger, on ne fait pas mention de cet Ali, bien que les chroniqu
indigènes datent son arrivée du 1er safer 1047, et qu'on ait retrou
des inscriptions qui confirment ces chroniques. Mais on s'est ent
à faire durer le gouvernement de Ioussouf jusqu'en 1646, en le co
fondant, d'une part, avec le caïd Ioussef, qui commanda à plusieu
reprises des expéditions contre les Kabyles (1638 1643), comme no
le verrons plus loin, et de l'autre, avec Ioussef-Kortandji-Abou-D
mal, qui fut nommé pacha en 1640. Parmi les principaux fauteurs
cette confusion, on doit noter M. Berbrugger (Révolte de Ben S
khéri, *Revue Africaine*, t. X. p. 337-352). L'auteur eût évité les no
breuses erreurs de son récit, en lisant avec plus d'attention la rel
tion de d'Aranda, et le passage suivant de la lettre de l'agent
Bastion : « Le sieur Bacha est homme de si peu de vertu et autor
» parmi eux, qu'à grand chose ne peut il servir, et, *depuis la pa
» tance de celui qui était ici à votre voyage passé* (Ioussouf), le div
» s'est formé en divers partis, etc. » (Lettre de Massey à Sans
Le Page, Alger, 27 novembre 1637.) (Documents inédits, *Correspo
dance de Sourdis*, t. II, p. 401).

(2) Voir, au sujet de cette légende, l'article de M. Berbrugger ci
à la note précédente. Aucun document de cette époque ne fait men
tion de la prise d'un pacha d'Alger par les Français, et un fait

Le 7 novembre 1637 (1), le commandeur de Mantin (2) appareilla à Toulon avec douze gros vaisseaux et prit la route d'Alger, emmenant avec lui Sanson Le Page, auquel le Roi avait de nouveau donné mission de retirer les esclaves Français, et de faire approuver le traité de 1628 réformé. A cet effet, on avait embarqué sur la flotte les Turcs tant de fois réclamés en vain par le Divan ; il était enjoint au Chef de l'escadre d'aller mouiller au cap Matifou, et de se mettre de là en relation avec les Algériens ; on pensait qu'en voyant les leurs aussi proches, ils se montreraient plus faciles à traiter. Cela eût bien pu réussir, tant par ce sentiment même, que par la crainte que leur eussent inspiré des forces aussi nombreuses : mais on était parti trop tard, à une saison où il ne faut pas compter sur le beau temps dans la Méditerranée ; la flotte fut dispersée par une tempête, et deux vaisseaux seulement, l'*Intendant* et l'*Esperance*, arrivèrent le 19 novembre (3) devant Alger, sous bannière blanche, et

---

cette importance ne serait certainement pas resté inaperçu. D'un autre côté, nous lisons dans la *Gazette de France*, an 1638, p. 757 : *Naples, le 24ᵉ octobre* : « Les galères Toscanes ont pris deux galiotes » qui allaient à Constantinople où elles ont trouvé un Bacha de » Barbarie qui a été fait prisonnier avec quelques autres Chefs et » gens de marque, et les Chrétiens qui étaient à la chaîne ont été dé- » livrés. » La date de cette nouvelle fait remonter celle de la prise au milieu de septembre, époque à laquelle Ioussouf se trouvait en mer, allant d'Alger à Constantinople ; il est, dès lors, fort possible qu'il s'agisse de lui dans cette circonstance.

(1) *Gazette de France*, an 1637, p. 743.

(2) Théodoric de Mantin, vice-amiral. On a souvent écrit ce nom *Manti*, *Manly* et *Mantis* ; mais les pièces officielles disent *Mantin*, et M. Jal (Abraham Duquesne, t. I, p. 69) fait remarquer que sa signature est conforme aux pièces, et en donne le *fac-simile*.

(3) Mon récit diffère un peu, quant aux dates et à quelques détails, de celui qu'a donné M. Féraud dans son *Histoire de La Calle*. Tout ce que je peux dire, c'est que mes allégations sont absolument conformes à celles des témoins oculaires, dont les documents sont reproduits dans la *Correspondance de Sourdis* (t. II, p. 398-412) : une lettre de Piou au capitaine Ferraut ; une du Pacha d'Alger au même ; une de Massey à Sanson ; deux de Piou au même ; deux de Piou à M. de Vias, et une de M. du Parc Martel à M. de Sourdis ; toutes ces lettres sont datées d'Alger.

saluèrent la Ville, qui rendit également le salut. Ils restèrent en rade jusqu'au 24, où le Pacha leur envoya une lettre, par laquelle il les invitait à entrer dans le port s'ils venaient en amis, et dans le cas contraire, à quitter la rade, s'ils ne voulaient y être attaqués. N'ayant pas d'ordres précis, et craignant de compromettre la situation, les deux bâtiments s'éloignèrent. Deux jours après, M. de Mantin arriva en rade ; on lui expédia la felouque avec une nouvelle lettre du Pacha qui lui demandait de faire connaître ses intentions. La réponse fut donnée par une missive de Sanson Le Page, qui reproduisait les anciennes réclamations. Le 29, aucune réponse n'était arrivée ; le temps devenait de plus en plus mauvais ; le commandeur fit arborer la bannière rouge et mit à la voile. Il avait eu d'abord l'intention de faire ses adieux aux Algériens en canonnant vigoureusement le port ; il fut détourné de ce projet par les lettres du Vice-Consul, qui avait été prévenu par les Turcs que tous les Français seraient massacrés au premier coup de canon. Le 2 décembre, le Commandeur de Chasteluz entra en rade ; il avait pris deux bâtiments algériens, chargés de blé, avec 70 Turcs, et délivrés 75 rameurs chrétiens ; il ne séjourna pas, et fit immédiatement voile pour Marseille, où il arriva le 9 du même mois (1).

Pendant tout ce temps, Alger s'était trouvé dans un état d'agitation extraordinaire ; l'arrivée des deux premiers navires y avait fait craindre la guerre ; la lettre de l'Ambassadeur avait un peu rassuré les esprits et excité une grande rumeur au milieu du Divan : les uns, désireux de voir délivrer leurs amis, voulaient qu'on acceptât les propositions ; mais les riches propriétaires d'esclaves s'y opposaient, voyant qu'ils paieraient ainsi les frais du traité. Ils avaient pour principaux chefs Amza-Agha (2), Cigala (3) et Ali Bitchnin. Le Vice-Consul

---

(1) *Gazette de France* 1638, p. 784.

(2) Le même qui avait été jadis otage à Marseille (Voir : *La Mission de Sanson Napollon*), s'en était enfui et fut étranglé après la révolte de 1640.

(3) Célèbre aventurier, qui prétendait être le fils de Scipion Cigala et d'une des filles d'Achmet Ier. Rocoles a cherché à prouver que c'était tout simplement un renégat Bosnien. Il se rendit en Europe,

Piou (1), au lieu d'agir pour le bien public, cherchait à se dérober à la colère des Reïs, et passait son temps à adresser à tout le monde de vaines et injustes récriminations contre l'agent du Bastion (2). Après que M. de Mantin eut arboré la bannière rouge, personne ne douta plus à Alger d'un châtiment prochain ; le Beylik et les principaux Reïs se hâtèrent de transporter à Bône leurs esclaves Français.

Mais l'audace leur revint au bout de quelques jours de tranquillité, et la nouvelle des prises faites par M. de Chasteluz y fit succéder l'exaspération. En fait, c'était un procédé douteux que de se présenter pour traiter en faisant acte de guerre tout le long de la route. Le Divan s'assembla d'urgence le 8 décembre ; Piou et Massey furent arrêtés, menacés d'être brûlés vifs (3) et finalement incarcérés : les nombreuses relations qu'ils avaient dans Alger abrégèrent leur emprisonnement. Mais il fut décidé que la

---

où, grâce à ses mensonges, il joua un certain rôle. Il abjura, eut pour marraine Marie de Gonzague, et fut présenté à la Cour de France en 1670.

(1) M. Eugène Sue, dans la *Correspondance de Sourdis*, l'appelle *Pion*. Il appelle encore M. de Vias, *Vian* ; Jacques Massey, dit Santo, *Saut* ; la plus singulière de ces lectures est Bitchnin, qui est transformée en *Picsolgni*. Il va sans dire que la plus grande partie de ceux qui se sont servi de ce livre ont copié les fautes, et les ont même parfois aggravées.

(2) L'agent du Bastion était ce même Jacques Massey, dit Santo, contre lequel M. Blanchard avait dirigé tant d'accusations, d'autant moins croyables, que l'Envoyé du Roi et le P. Dan avaient été loger chez lui lors de leur mission de 1634. M. Piou, dans ses lettres à M. Ferraut et de Vias, ne cesse de se plaindre de lui ; mais nous verrons un peu plus tard, par des lettres de captifs, quelle confiance on pouvait accorder aux dires de ce personnage. Le fait est, que, par une conséquence naturelle de sa situation, tout Agent du Bastion devait ménager les Reïs et se mettre dans de bons termes avec eux ; cela n'était pas toujours compris, et, d'un autre côté, les Vice-Consuls qui faisaient du commerce pour leur propre compte voyaient facilement des ennemis dans ceux qui dirigeaient un négoce monopolisateur, qui les gênait dans leurs propres opérations.

(3) « La rumeur fut grande, et courûmes fortune, lui et moi, d'être » brûlés : car cette maudite parole passa plusieurs fois parmi mille ou » douze cents barbares, pour lors assemblés dans ce Divan. » *(Lettre de Piou à M. de Vias, corr. de Sourdis, t. II, p. 408).*

paix était rompue, que les Établissements Français seraien
détruits et ne pourraient jamais être reconstruits (1) ; A
Bitchnin reçut l'ordre d'exécuter la sentence, et partit immédia
tement avec les galères ; à la fin du mois il était de retour, ayan
tout ravagé, et ramenant 317 prisonniers. Il n'avait eu à essuye
aucune résistance de la part de gens qui ne savaient rien de c
qui s'était passé, et ne s'attendaient à aucun acte d'hostilité (2).
cette nouvelle, les Lomellini se hâtèrent de renforcer Tabarque(3)

Ce surcroît d'injures resta impuni. La marine Française étai
suffisamment occupée par la guerre avec l'Espagne, et il lui eû
été à peu près impossible de diviser ses forces : c'était un de
inconvénients prévus du système des croisières permanentes.

Fort heureusement pour la France, l'année 1638 fut néfast
pour l'Odjeac, qui vit se révolter toutes les populations de l'Est
et subit au même moment sur mer des pertes presque irrépara-
rables.

En supprimant le Bastion dans un moment de colère aveugle
les Turcs n'avaient pas songé qu'ils détruisaient par cela même
le commerce des tribus Orientales de la Régence, et qu'ils le
mettaient ainsi dans l'impossibilité de payer le tribut annuel
en même temps qu'ils enlevaient au trésor du Beylik la res
source précieuse des seize mille doubles que les *Établissement*
y versaient chaque année, en vertu de la convention de 1628.

---

(1) « Ont, de plus, arrêté entre eux, que jamais ledit Bastion ne se
» redresserait, ni par prière du Roi de France, ni par commandemen
» du Grand Seigneur ; que le premier qui en parlerait perdrait la vie.
(Même lettre qu'à la note précédente).

(2) Votre Grandeur apprendra que, depuis la partance du sieur de
» Manty, les galères de cette ville sont allées mettre le feu au Bastion
» de France, et ont apporté tout son bagage et trois cent dix-sept
» personnes, lesquelles partie ont été vendues, les autres réparties
» aux galères. » (Lettre d'un anonyme à Mgr l'Archevêque de
Bordeaux, d'Alger, le 11 janvier 1638. — Corr. de Sourdis, t. II,
p. 410-411).

(3) On lit dans la *Gazette de France* : Milan, 10 mars 1638. « Les
» sieurs Lomellini, Génois, ont envoyé renfort d'hommes et de mu-
» nitions dans leur île de Zabarka, qui est menacée des Turcs d'Alger
» depuis qu'ils ont pris la forteresse qui la tenait couverte. » (*Ga-
» zette de France*. An 1638, p. 161).

Les Kabyles de la province de Constantine refusèrent donc de payer l'impôt et s'insurgèrent sous le commandement de Khaled-es-Serir ; en même temps, le Cheikh-el-Arab, Ahmed-ben-Sakheri-ben-Bou-Okkaz, qui avait à tirer vengeance du meurtre de son frère, assassiné l'année précédente par le Bey Mourad, entraînait les indigènes du Sud, marchait avec eux sur Constantine, dont il ravageait les environs et la banlieue, après avoir fait sa jonction avec Khaled. Mourad-Bey s'empressa de demander des renforts à Alger, et il lui fut envoyé quatre mille janissaires sous les ordres des Caïds Ioussef (1) et Châban. L'arrivée de ces troupes porta ses forces à environ six mille hommes, avec lesquels il marcha à l'ennemi. Le combat eut lieu à Guedjal (2), et les Turcs furent complètement battus : les débris de leur armée reprirent en désordre la route d'Alger, et durent sans doute faire un grand détour : car la Kabylie du Djurjura leur était fermée, révoltée qu'elle était depuis plusieurs années déjà, et groupée autour de celui qui prenait le titre de *sultan de Kouko*, Ben-Ali (3).

---

(1) C'est un de ceux que M. Berbrugger confond avec l'ancien Pacha Ioussouf.

(2) Le 20 septembre 1638. Guedjal se trouve sur le territoire des Amer-Guebala, entre Sétif et la Kabylie du Djurjura.

(3) Je me trouve ici de nouveau en désaccord complet avec l'opinion émise par M. Berbrugger (Révolte de Ben Sakheri, *Revue africaine*, t. X, p. 337-352) ; je ne peux pas comprendre pourquoi il s'obstine à appeler le Cheik-el-Arab Ben-Ali, alors que tous les documents provenant des Rédemptoristes et des captifs qui se trouvaient à Alger à cette époque disent que Ben-Ali était le *roi du Couque*. Son argumentation est celle-ci : « Quand le P. Dan et autres contemporains parlent de Ben-Ali, c'est de Ben-Sakheri qu'il est question, parce que ce dernier était de la tribu des Ahl-ben-Ali. » (p. 349). Avec des raisons de cette espèce, on peut avancer tout ce qu'on veut : il reste à savoir si l'on est cru. Je vais donner une preuve un peu plus sérieuse du contraire, et je la tire de M. Berbrugger lui-même, qui a rapporté le fait sans en voir les conséquences. Lorsque les Algériens, battus de nouveau l'année suivante, se décidèrent à traiter, le 4ᵉ article de la convention déclara que : *ils rappelleraient tous les Colourlis à Alger, et leur rendraient ce qui leur avait été enlevé* (loc. cit., p. 345). Or, est-ce que le Cheik-el-Arab avait quelque chose de commun avec les Colourlis, et pourquoi aurait-il stipulé pour eux

Lorsque l'armée vaincue rentra dans Alger, elle y trouv
la ville plongée dans la désolation ; un seul jour avait suffi pou
lui enlever ses meilleures galères, l'élite de ses marins, et l
plus grande partie de ses chiourmes.

La Porte, en guerre avec Venise, avait réclamé les service
des Reïs d'Alger ; après quelques lenteurs, qui n'étaient au fon
que des refus mal déguisés, il avait fallu céder à l'opinion pu
blique, aidée de quelques présents distribués par les Chaouchs d
Grand Seigneur. La flotte Barbaresque était donc partie pour s
joindre à l'armée navale du Sultan, et faisait route vers l'Archi
pel, lorsque le mauvais temps la força de chercher un refug
dans le petit port de la Velone. Ce fut là que Capello, amira
des galères de Venise, la surprit et l'attaqua hardiment avec le
vingt bâtiments qu'il commandait : les Algériens, entassés le
uns contre les autres, ne purent ni manœuvrer ni se servir uti-
lement de leur artillerie : leur sécurité était telle, que plus de
la moitié des équipages se trouvait à terre ; ils subirent un terrible désastre ; les Vénitiens leur tuèrent quinze cents hommes,
leur coulèrent à fond quatre galères, en prirent douze et deux
brigantins ; ce beau combat donna la liberté à trois mille six
cent trente-quatre Chrétiens, qui formaient la chiourme des galères prises ; peu de Reïs eurent la fortune d'échapper aux main
du vainqueur et de se faire jour à travers les navires : l'amira
Ali-Bitchnin fut un de ces privilégiés ; il perça les rangs ennemis et sauva sa vie et sa liberté ; mais sa fortune en reçut une
rude atteinte, ainsi que le prestige qui l'avait entouré jusque-
là (1). C'est lui qui supporta presque tout le poids de la défaite ;
la majeure partie des galères prises lui appartenait en propre
ainsi que leurs équipages, et, indépendamment des pertes ma-
térielles, il avait vu périr dans le combat la plupart des amis

---

des avantages ? Tout au contraire, le chef de Kouko était moralement
tenu de prendre le parti de ceux dont il avait été l'allié lors de la révolte de 1633, et qui étaient ses hôtes depuis leur bannissemen
(voir p. 8, note 2).

(1) Pour tout ce qui concerne la bataille de la Velone, voir le *Mer-
cure francois*, t. XXII, p. 367, et la *Gazette de France*, année 1638,
p. 429 (récit très détaillé) et p. 473, 557.

dévoués sur lesquels il comptait pour s'élever jusqu'au rang suprême. La corporation des Reïs ne se releva jamais bien de ce coup, et la course au moyen des galères fut presque totalement abandonnée ; car, s'il est facile de construire des bâtiments neufs, il est impossible d'improviser des équipes. La bataille de la Velone eut encore un autre résultat : ce fut d'accroître la mésintelligence qui existait entre Alger et le grand Divan.

En apprenant la destruction de la flotte algérienne, le Sultan fit arrêter et emprisonner l'ambassadeur Luigi Contarini, et mit le séquestre sur les personnes et les biens des sujets Vénitiens qui se trouvaient à Constantinople (1) ; il excita les Reïs à se venger, en leur promettant un secours prochain de vingt-cinq galères, et donna l'ordre d'armer une flotte destinée à ravager les possessions de la République. Mais la vénalité des ministres de la Porte, et la cupidité du Souverain lui-même, mirent à néant tous ces projets. Venise employa sa méthode accoutumée : le Grand-Vizir et les principaux favoris du Sultan furent achetés (2), et la querelle se calma comme par enchantement. Il va sans dire qu'Amurat IV s'était fait la part du lion ; un présent de deux cent mille sequins apaisa sa colère (3) ; la paix fut déclarée, et il

---

(1) On lit dans la *Gazette de France*, 1638, p. 737 : *Venise*, 16 *novembre* 1638 : « Le Grand Turc a fait enfermer à Galata Luigi Cantarini, notre baïle, et a ordonné de saisir les marchandises et les » effets des Vénitiens, à Constantinople, pour se venger de la défaite » des corsaires. »

(2) Le onze septembre, les ambassadeurs de Venise apaisèrent le différend, « après que le baume ordinaire des plaies de ce pays, qui » sont les piastres et sequins, lorsqu'ils sont en quantité suffisante » pour produire leur effet, y eut servi de lénitif... D'où les galères » corsaires restent à qui les a prises. » (*Gazette de France*, 1639, p. 641).

(3) « Le vingt-huit octobre, les sieurs Foscarin et Trevisan, am- » bassadeurs ordinaire et extraordinaire de Venise, arrivèrent à » Constantinople, sur les quatre galères qui leur avaient été envoyées » pour les prendre au delà des châteaux, les vaisseaux de Venise ne » devant pas dépasser ces châteaux. Le premier novembre, ils firent » secrètement visite au Grand-Vizir, entre les mains duquel ils con- » signèrent les deux cent mille sequins qu'ils donnent au Grand- » Seigneur pour les galères d'Alger prises à la Velone. » (*Gazette de*

fut convenu qu'on ne parlerait plus de la restitution des navires capturés.

Il est facile de se faire une idée de l'indignation qu'éprouvèrent les Reïs d'Alger ; il était déjà dur pour eux d'exposer leurs richesses et leur vie sans avoir à en attendre le moindre bénéfice ; mais, voir battre monnaie avec leur sang, dépassait tout ce qu'ils pouvaient supporter. Ils convinrent entre eux de se refuser dorénavant à courir les mêmes risques, et la suite de l'histoire nous démontrera qu'ils tinrent leur parole.

La révolte de l'Est continuait. A l'été de 1639, une nouvelle colonne turque sortit d'Alger pour aller châtier les Kabyles ; elle se fit cerner dans la montagne, et allait être entièrement détruite, lorsque l'intervention d'un marabout influent la sauva de l'extermination. Cela peut n'être qu'une légende ; mais il est bien certain que les Turcs étaient à la merci des insurgés, puisqu'ils acceptèrent les conditions suivantes : 1° abandon de ce qui était dû sur l'impôt ; 2° retour immédiat, et par le plus court chemin, à Alger ; 3° reconstruction du Bastion de France ; 4° amnistie pour les Colourlis (1). Il est à croire que cette dernière clause, tout au moins, ne fut pas respectée par le Divan, une fois que les Janissaires furent hors de péril ; car c'est à cette époque qu'il faut faire remonter la fondation de la colonie des Zouetna, où les Colourlis furent internés (2). Ce manque de parole fut, sans doute, la cause de la continuation de la révolte du Djurjura.

France, 1640, p. 75). — On voit par cette date qu'Amurat IV venait de mourir quand l'argent arriva. Ce fut un présent de joyeux avénement pour Ibrahim.

(1) Je ferai remarquer, de nouveau, combien ce traité est probant en ce qui concerne l'alliance de Khaled-es-Serir et de Ben-Ali de Kouko. En effet, la troisième clause (reconstruction du Bastion) n'importe en rien à Ben-Ali, de même que la quatrième (amnistie des Colourlis) est complètement indifférente à Khaled. Il en résulte que la réunion de ces deux conditions dans un même acte, implique nécessairement une entente et une action préalables. Si j'insiste sur cette question, c'est que l'opinion avancée par M. Berbrugger a été admise trop légèrement (à mon sens), et a trouvé place dans des travaux très recommandables d'ailleurs.

(2) Près du Fondouk, au confluent de l'Isser et de l'Oued Zitoun.

Le mécontentement était général ; la famine et la peste déso-
laient Alger ; la milice se révolta, et, pour se venger de ses deux
défaites consécutives, égorgea l'agha Amza Khodja (1).

Cependant, sur la nouvelle que les Turcs consentaient à laisser relever les Établissements, Jean-Baptiste du Coquiel, gentilhomme ordinaire de la Chambre du Roi, avait obtenu l'autorisation d'ouvrir des négociations à ce sujet, et, dès l'année 1639 (2),
il avait soumis au Divan un projet de *Convention* fort peu différent de celui de 1628 (3). Il était aidé dans ses démarches par
Thomas Picquet, négociant de Lyon, qui avait longtemps séjourné
à Alger, où il avait des relations assez étendues. Comme les deux
parties étaient pressées de conclure, l'accord fut bientôt fait, et,
sans attendre l'autorisation royale et l'approbation du traité (4),

----

(1) Et non *Ahmed Khodja*, comme on l'a dit à tort.

(2) Voir les *lettres de quelques captifs*, p. 30, qui démontrent clairement que le traité proposé était déjà connu et commenté à Alger.

(3) La redevance des Établissements était augmentée de huit mille
doubles (trente-quatre mille, au lieu des vingt-six mille de la Convention de 1628), les autres articles différents de celle-ci portent sur
des droits qu'avaient usurpés les caïds de Bône, Collo, etc., que le
nouveau concessionnaire déclarait ne pas vouloir reconnaître. Mais
on doit se rappeler que les conventions de Sanson Napollon avaient
déjà déplu au cardinal de Richelieu, et l'on peut, dès lors, se douter
de l'accueil qu'il fit aux nouvelles propositions.

(4) Nous verrons plus loin que les conventions de M. du Coquiel
ne furent pas acceptées par le Conseil Royal. Nous sommes pourtant
assurés de l'installation. On lit, en effet, dans la *Gazette de France*,
an 1641, p. 701 : « Le Père Archange de l'Isle, Augustin déchaussé,
» député de Sa Sainteté pour aller planter la foi en Afrique, est le
» 19 de ce mois arrivé à Hippone, lieu maintenant appelé *Bonne* ; il
» y alla visiter le premier monastère de l'Ordre, fondé par saint Au-
» gustin, en ce lieu là signalé par sa mort ; mais il n'y trouva plus
» que la coquille du maître-autel, le reste de l'église étant ruiné. Et,
» sur le bruit que ce Père allait en cette église y chercher un trésor,
» qu'ils croient y être par tradition, le Bacha d'Alger, pour le préve-
» nir, fit fouiller partout profondément ; au lieu de quoi, il s'y trouva
» deux corps inhumés en une même fosse, il y avait onze ou douze
» cents ans, comme il paraissait par leur épitaphe, lesquels étaient en-
» core tout frais et de bonne odeur ; ce qu'ayant pris pour témoi-
» gnage de sainteté, lui et son collègue les honorèrent, et se rendirent
» ici. » (Daté du Bastion de France, le 29 août.) — Le P. Dan relate

les nouveaux concessionnaires occupèrent les *Établissements*, et se mirent en devoir d'en réorganiser le personnel et le négoce. Cette fois, les Algériens, instruits par l'expérience, avaient voulu se lier les mains, et il était dit, à l'article 23 de la Convention, que le Bastion serait respecté, *même en cas de guerre avec la France, et que tous ceux qui parleront de le rompre, seront obligés de payer les trente-quatre mille doubles tous les ans, qui se paient tant au Pacha qu'au Trésor de la Casba, afin que la paye des soldats n'en reçoive aucune atteinte.*

Sur ces entrefaites, le Vice-Consul Jacques Piou mourut de la peste (1); il avait joué un rôle fort insignifiant, et ne fut guère à regretter, s'il faut en croire les lettres suivantes :

Lettre de quelques esclaves d'Alger à MM. les Consuls et Gouverneurs de la ville de Marseille.

« MESSIEURS,

» Vos très-humbles serviteurs vous félicitent les charges que vous avez dans la communauté, et prions tous le Créateur lui plaise d'accomplir l'année en honneur et félicité. Nous, pauvres esclaves détenus dans cette ville d'Alger, ayant eu notice du traité de paix, lequel doit être au bénéfice du Bastion et à l'inté-

---

également le voyage du P. Archange de l'Isle, dans son *Histoire de Barbarie*, édition de 1649, p. 51.

(1) Nous ne connaissons de Jacques Piou que les lettres reproduites au tome II de la correspondance de Sourdis ; nous n'avons rien trouvé de lui aux archives de la Chambre de Commerce de Marseille. Cela nous a d'autant plus étonné, qu'il gérait le Consulat pour le compte de M. de Vias, ainsi que nous l'apprend sa lettre du 6 décembre 1637, déjà citée. Il est bon de faire remarquer que, depuis le commencement du XVIIe siècle jusqu'en 1646, il n'y a que deux consuls en titre, MM. Jacques de Vias, jusqu'en 1627, et son fils Balthazar, jusqu'en 1646, époque où il vend sa charge aux Lazaristes. Nous reproduirons en son lieu cet acte de vente, qui démontre suffisamment que tous les autres agents dont nous avons eu à nous occuper, ne sont que des délégués. Piou était très probablement en fonctions depuis 1634.

rêt de tant de pauvres esclaves qui sommes ici (1), nous vous supplions très-humblement écouter nos plaintes et doléances des misères que nous souffrons, encore bien que vous en soyez très-assurément avertis. C'est le travail des galères, la plus grande partie qu'est un travail insupportable, la jeunesse ne pouvant supporter les travaux, plusieurs se renient ; autres que leurs patrons les mettent dans un office honteux que je n'ose dire, et les autres que les chiens sont mieux traités qu'eux. Nous ne croyons pas que Sa Majesté veut que les uns soient *bastards* et que la moindre partie jouisse de l'héritage de liberté. C'est à montrer que n'avons eu aucun procureur pour nous qui sommes ses enfants si bien que les autres, et qu'il y a plus de temps que souffrons les misères ; nous éprouvons un grand malheur ainsi que beaucoup d'esclaves Francois, desquels on entendra un spectacle funeste d'un furieux désespoir. Ce pourquoy, Messieurs, avant que attendiez qu'ils se fassent Turcs, vous plaira pourvoir aux accidents que peuvent arriver puisque vous êtes nos pères, et que, en cette ville, n'avons eu l'honneur d'avoir un consul (2) pour nous pouvoir servir en ce sujet ni à autre qu'il soit à l'honneur de Dieu, du Roy ni du public ; au contraire, nous exerce toute sorte de tyrannie et de conseil en faveur des Turcs, engageant des Francois qui sont été déclarés francs les faire aller au voyage des galères, les faire mettre dans le baing enchaînés, le tout par sa sollicitation, jusques à s'être voulu mêler de S....., et vouloir prendre par force un garcon francois de Grasse qu'il demeuroit en sa maison, ou ledit garcon qui est franc, qu'il s'en pouvoit en aller, il a fait qu'il n'a pu en aller, qu'est la cause que les nations

---

(1) Ce sont toujours les mêmes réclamations des captifs contre le Bastion ; d'après eux, la longanimité que montre la France envers les corsaires d'Alger n'a pour cause que la sécurité des Établissements, et ils se plaignent amèrement d'être sacrifiés à des intérêts particuliers ; aussi la nouvelle du traité proposé par du Coquiel les plonge dans la consternation, en leur enlevant l'espérance d'être délivrés par les armes.

(2). Ce consul, duquel se plaignent les prisonniers, n'est autre que Jacques Piou ; la lettre suivante, en nous apprenant son nom et sa mort, nous fait voir que l'opinion publique était unanime contre lui.

étrangères nous baffouent, et se moquent de nous, nous mettant en face cette horrible action devant les yeux, ne pouvant faire pire. Voyant que tous les pauvres esclaves n'ont aucun support que d'infàmies de lui, sont contraints d'aller prendre conseil de trois chevaliers francois, qu'ils sont esclaves d'Ali Pichelin où ledit Consul, voyant cela, a parlé audit Pichelin, patron desdits chevaliers, de leur faire raser la tête, barbe et moustaches (1) ce qui a été exécuté à sa réquisition. Bref, au lieu d'être consolés, nous n'avons que vitupéres et toute sorte de malheurs de lui ; en quoy nous ne saurions écrire toutes les méchancetés qu'il exerce. Que, s'il vient quelque ambassade ici et prenne information, sera pour donner exemple à la postérité comme fit feu Monsieur de Brèves en Alexandrie d'Égypte contre Marian, consul, qu'il fit pendre en robe rouge. Donc, Messieurs, vous dirons que, après Dieu, n'avons autre confiance que à vous pour en donner avis à notre bon Roy, vous offrant nos très-humbles services et à notre bon Roy nos vies. En attendant de vous un jour la clarté de vos bonnes œuvres, prierons trétous en général pour votre santé et de pouvoir obtenir de Sa Majesté la liberté générale comme nous désirons ; prions que le bon Dieu la nous octroye. Finissant la présente (2),

---

(1) Il y avait parmi les captifs deux catégories très tranchées : ceux dont on espérait une bonne rançon, et les esclaves de travail. On laissait aux premiers leurs vêtements et une certaine liberté. Dans ces conditions, couper la barbe et les cheveux était en quelque sorte faire revêtir la livrée du bagne, et faire descendre le captif de rançon parmi les esclaves de travail.

(2) Bien que cette lettre ne soit pas datée, il est assez facile de se rendre un compte approximatif de l'époque à laquelle elle a été écrite : Nous savons que l'esclave Chambon, un des signataires de la lettre, se trouvait à Alger le 28 mars 1631 ; il écrit à cette date à son oncle Pierre Decord à Marseille, pour lui apprendre que son bateau a été confisqué et qu'il a été mis à la chaîne pour avoir favorisé quelques évasions ; un autre des signataires, Donnat Brémond, écrit à la date du 4 février 1640, une lettre que nous publions plus loin (page 33) dans laquelle il fait allusion aux faits y contenus ; il y parle de la mort du même Jacques Piou, contre lequel sont dirigées les accusations des esclaves. La date de cette pièce se trouve donc comprise entre le milieu de 1631 et la fin de 1639. Mais la mention du nouveau traité reporte décidément cette date à la fin de 1639.

sommes et serons jusqu'au dernier de nos jours, Messieurs, vos très-humbles et très-obéissants serviteurs.

« Ont signé : Le chev. du SAILLANT (1). — Le chev. de SAMOY (2). — PRAT. — SEGUIN. — Estienne BEÁUSSIER. — Estienne ROUBAUD. — JOSSELIN SOUCHÉE. — Donnat BRÉMOND. — P. RAPION. — ALLARD. — VACON. — SENEZ. — CHAMBON. — FORMIÈRE. — SEVERIN. — ALLARD, etc.

Lettre de M. Donnat Brémond à MM. les Consuls et Gouverneurs de la ville de Marseille

Alger, le 4 février 1640.

« MESSIEURS,

» Je me jugeray de peu d'esprit, si, trouvant cette prompte commodité, ne vous fesois savoir l'état des prises que se sont faites et se feront durant le temps que je demeureray dans mon esclavitude ; depuis trois mois ou environ vous diray ce que s'est pris sur les pauvres Francois, en commencant par moy le premier, laquelle nous a été pris pour cinquante six mille piastres et nos personnes vendues. Depuis a été pris un vaisseau de St-Malo, riche de cinq cent mille piastres tant en monnayes que barres d'argent et marchandises. Plus, a été pris un vaisseau Anglois riche de un million, tenant cinq cents barres d'argent et quantité de réaux et force cochenilles que la plus grande part appartient aux Messieurs de St-Malo. Depuis, a été pris une barque de Martigues, chargée d'huiles et de soyes, valant sept à huit mille écus, et les gens ont été vendus. Voilà la paix que nous pouvons attendre avec ces Messieurs de cette ville. Dieu

---

(1) De la maison des *du Saillant* de Provence.
(2) *Henry du Teil-Samoy* (de Basse-Normandie), chevalier de la Langue de France.

nous a assisté encore de beaucoup par la mort de Monsieur Jacques Piou, consul, lequel est mort avec une grande réputation qu'il se vouloit servir d'un garçon, et d'avoir empêché la liberté de beaucoup de pauvres Francois, sans les autres que lui-même a vendu, et beaucoup d'autres sujets que je serois prolixe à les réciter; et, bref, Dieu lui aye pardonné ses fautes; et il se trouve endetté de huit cents pièces de huit. Le sujet de vous écrire a été tant pour les avis ci-dessus que encore que du consul qu'il vous plaira mander, qu'il soit plus considéré, lequel pourra s'assurer que, avant que exerce sa charge, faut qu'il paye ces dettes, parce que toutes les écritures publiques sont été portées à la maison du Roy. Messieurs, voilà tout ce que je vous puis dire, vous suppliant prendre mes avis en faveur, comme de celui qui est et sera jusqu'au tombeau, Messieurs. Votre plus obligé serviteur (1).

» Signé : Donnat Brémond. »

Thomas Picquet, qui représentait à Alger les intérêts du Bastion, fut choisi pour gérer le consulat, après la mort de Piou. Cette nomination eut au moins le bon résultat de mettre fin à la vieille discorde qui séparait en deux camps ennemis les résidents et même les malheureux esclaves français.

Le commencement de l'année 1640 fut marqué par une recrudescence de la révolte kabyle. Les insurgés descendirent de leurs montagnes, dévastèrent la Mitidja et tinrent la ville bloquée. Les Algériens, effrayés, firent demander des secours à la Porte, qui ne leur en envoya point (2).

---

(1) Ces deux lettres sont tirées des archives de la Chambre de commerce de Marseille (AA, art. 507).

(2) Nous croyons que c'est la première fois qu'on parle de cette révolte : le fait est mis hors de doute par le document suivant :

« *Venise, le* 20 *juin* 1640 : Le 1er avril partirent de Constantinople » trois vaisseaux d'Alger, venus depuis cinq semaines avec force » présents au Grand-Seigneur et aux principaux de sa Porte pour » demander secours contre les Arabes qui tiennent leur ville bloquée, » sans en avoir remporté grande satisfaction. » (*Gazette de France*, an 1640, p. 477.)

Ali Pacha, dont les trois années de commandement étaient
expirées, fut remplacé par Cheik Hussein ; celui-ci mourut quelques mois après de la peste qui continuait à désoler le pays.
Son successeur fut Ioussef Abou Djemal (1).

Le 7 juillet 1640, M. du Coquiel signa avec le Divan la convention relative aux Établissements, où il s'était déjà installé
depuis quelque temps. Le cardinal de Richelieu n'approuva pas
les termes du nouveau traité (2), et le Conseil royal refusa de
le sanctionner, comme *moins avantageux pour la France que les
Capitulations qu'elle avait avec le grand Seigneur, auxquelles
ceux d'Alger sont tenus de se conformer* (3). M. de Sourdis reçut
l'ordre de se rendre à Alger ; mais il fut forcé de rester à croiser
sur les côtes d'Italie, pour empêcher le roi d'Espagne d'envoyer
des secours à Turin, que l'armée française tenait assiégée. Il dé-
légua à sa place le commandeur de Montigny (4) avec des ordres
en tout semblables à ceux qui avaient été donnés, en 1637, à M.
de Mantin. L'expédition n'eut aucun résultat : on était encore
parti trop tard, à la fin d'octobre ; le Pacha fit traîner les négociations en longueur ; le mauvais temps survint et il fallut se
retirer. En 1641 (5), M. de Montmeillan reçut la même mission,
dans laquelle il échoua absolument de la même manière et pour
les mêmes causes. La mort de Richelieu, qui arriva l'année suivante, fut cause de l'interruption des croisières, qui ne furent
reprises qu'à l'automne de 1643 (6), sous le commandement de
l'amiral duc de Brézé.

---

(1) C'est encore un de ceux que M. Berbrugger confond avec l'ancien pacha Ioussouf.

(2) Correspondance de Sourdis, t. II, p. 414-418.

(3)   Id.   418.

(4)   Id.   418-430.

(5)   Id.   431-445.

(6) « *Marseille*, 12 *novembre* 1643 : Notre flotte a fait une riche
» prise d'un navire chargé de trois cents Maures qui allaient en leur
» dévotion à la Méque (*sic*), tous garnis de force sequins et or en
» poussière, ce qui, joint au prix de leurs rachats, que nos soldats
» ont touché peu de temps après, les a fort accomodés. Ils ont en-
» core pris deux autres vaisseaux en représailles sur ceux d'Alger,

Pendant ces trois années, la peste avait continué à ravager le pays; elle semblait être devenue endémique à Alger et à Tunis, où il était mort en quelques mois plus de trente mille habitants et un grand nombre d'esclaves (1). En même temps, la révolte kabyle n'avait pas cessé, et gagnait, au contraire, du terrain de jour en jour : le désordre intérieur s'accroissait, et le refus de l'impôt rendait douteuse la régularité de la paie de la milice.

En 1641, le Divan décida qu'il serait dirigé une expédition contre Ben-Ali, et que le pacha la commanderait lui-même. Ioussef, qui se méfiait des conséquences qu'aurait pour lui une défaite probable, eût de beaucoup préféré rester à Alger; il essaya même de s'excuser sur ses infirmités, mais en vain; il lui fallut partir. Soit pour lui épargner de trop grandes fatigues, soit que les communications avec l'Est fussent entièrement coupées, on lui laissa faire la route par mer. Il ne revint que l'année suivante, ayant fait de grosses pertes, et sans avoir rien avancé. Une révolte éclata contre lui : la milice se saisit de sa personne et l'emprisonna au fort l'Empereur. Mohammed Boursali, qui lui succéda, le fit mettre en liberté quelque temps après. En 1643, les Turcs envoyèrent dans le Djurjura une nouvelle armée qui eut le sort des deux précédentes (2). On ne sait pas exactement comment prit fin la révolte de Kouko; mais elle dut être apaisée par un moyen ou un autre, vers la fin de 1643 ou le commencement de 1644, puisqu'en cette même année Mohammed-Pacha put disposer de ses forces pour aller combattre, dans la province de Constantine, l'insurrection des tribus du Hodna (3).

» qui en ont pris à la flotte pareil nombre qu'ils n'ont voulu rendre. » (*Gazette de France*, an 1643, p. 1023 et 1072.)

(1) *Gazette de France*, an 1644, p. 178.

(2) Pour les insurrections kabyles de 1641 et 1642, voir les fragments de *Chroniques indigènes* relatées par M. Berbrugger (*Revue Africaine*, t. X, p. 347, 350, 351, et la *Relation de d'Aranda*, édition de 1662, p. 158, 159, 216, 342. — Pour la révolte de 1643, voir *Revue Africaine*, t. X, p. 348, et *l'Odyssée*, de René des Boys, *Revue Africaine*, t. XII, p. 447.

(3) C'est en cette même année 1644 que M. Féraud, parlant d'après

Cependant, le Sultan Ibrahim, auquel les Chevaliers de Saint-Jean-de-Jérusalem prenaient tous les jours des navires (1), se décidait à abandonner momentanément la guerre infructueuse qu'il faisait aux Cosaques de la mer Noire, et à diriger toutes ses forces contre Malte. En conséquence, il avait envoyé l'ordre à Alger, Tunis et Tripoli, de tenir leurs flottes prêtes à se rendre au rendez-vous général (2), qui était donné à Navarin.

Le Grand Maître de l'ordre, Paul Lascaris Castellar, organisa une défense vigoureuse ; il fit réparer avec soin les fortifications et convoqua pour la défense de l'île les chevaliers absents (3), qui répondirent avec empressement à cet appel : le vicomte d'Arpajon amena à lui seul deux mille hommes armés et équipés à ses frais (4). Tous ces préparatifs restèrent inutiles, et il n'y eut qu'une petite tentative de débarquement à l'île du Goze ; car les Reïs barbaresques avaient refusé leur concours, suivant l'exemple de ceux d'Alger, qui se souvenaient de la façon dont ils avaient été traités par la Porte après le combat de la Velone (5). Cette défection força Ibrahim d'abandonner ses projets sur Malte, et il dut se rejeter sur Venise, à laquelle il prit La Canée ; en même temps, il avait été informé de ce qui se passait à Alger, et y envoyait deux Chaouchs, chargés de lui rapporter

---

Kaïrouani, place la défaite et la soumission de Khaled et du cheïk El-Arab. Dans son récit, le vainqueur est bien Mohammed Pacha, mais il est représenté comme marchant à la tête des armées tunisiennes. Or, le pacha de Tunis (jusqu'en octobre 1644) se nommait Ali. N'y aurait-il pas là quelque confusion ? (*Revue Africaine*, t. XVIII, p. 502.)

(1) Ils venaient de lui prendre tout récemment cinq de ses plus beaux vaisseaux, escorte de la sultane favorite, qui avait obtenu la permission de faire le pèlerinage de la Mecque, et qui tomba aux mains des Chevaliers avec force richesses. (Voir l'*Abrégé chronologique de l'Histoire Ottomane*, par de la Croix, Paris, 1768, 2 vol. in-12.) (T. II, p. 388.)

(2) *Gazette de France*, an 1645, p. 207.

(3) *Gazette de France*, an 1645, p. 214.

(4) *Histoire des Chevaliers de St-Jean de Jérusalem*, par Vertot (Paris, 1726, 4 vol. in-4°), t. IV, p. 155.

(5) *Gazette de France*, an 1645, p. 643.

la tête d'Ali Bitchnin et des quatre autres principaux chefs de la Taïffe (1).

A peine ces envoyés furent-ils débarqués à Alger, et eurent-ils laissé entrevoir l'objet de leur mission, qu'une révolte terrible éclata. Le Pacha Mohammed, accusé d'être l'instigateur de cette mesure, fut poursuivi, les armes à la main, et ne sauva sa vie qu'en se réfugiant dans une mosquée, de laquelle il n'osa plus sortir de longtemps. Les chaouchs furent forcés de chercher un asile chez celui-là même dont ils étaient venus demander la tête ; il profita de leur présence pour les acheter, et les renvoya à Constantinople chargés de présents.

Mais, peu de temps après leur départ, Ali put voir à son tour combien il était difficile de gouverner une population aussi turbulente. La milice, que le Pacha, toujours enfermé dans sa mosquée, ne payait plus, décida que, puisque Bitchnin s'était emparé du pouvoir, c'était lui qui devait la solde. Malgré les réclamations de l'Amiral, le Divan maintint cette singulière sentence, et lui accorda seulement trois jours pour réunir l'argent nécessaire ; au bout de ce temps, et malgré tous ses efforts, il lui manquait encore quarante mille piastres pour satisfaire à ces exigences. Il se sauva chez un marabout de ses amis, se mit au lit, malade ou feignant de l'être, et demanda de nouveau du temps pour payer. Il lui fut accordé cinq jours pour tout délai. Le Divan put bientôt s'apercevoir que le rusé corsaire n'avait cherché qu'à traîner les négociations en longueur pour saisir le moment favorable ; car, avant l'expiration du temps fixé, il sortit de la ville pendant la nuit, et prit avec ses richesses la route de Kouko, où commandait son beau-père.

A la nouvelle de ce départ, le désordre fut à son comble à Alger ; la milice se précipita sur l'habitation de l'amiral, la pilla et s'empara des esclaves, même de ceux qui avaient été rachetés :

---

(1) Pour tous les évènements de 1645 et de 1646, voir *Alger pendant cent ans*, par l'abbé Orse (Paris, 1853, in-16). L'ouvrage est assez mal fait : mais l'auteur a eu le bonheur de pouvoir prendre connaissance dés lettres du Père Lucien Hérault, qui se trouvait à Alger à cette époque, et il a fait l'histoire de cette période d'après ces documents précieux et authentiques.

elle saccagea les boutiques des juifs et se livra à toute sorte
d'excès contre les habitants. Sa colère s'augmentait encore de la
crainte qu'elle avait de voir revenir Bitchnin à la tête d'une
armée kabyle, dont l'action eût été favorisée par la complicité
des Reïs (1). Les galères furent gardées à vue et la garnison des
forts de mer fut augmentée.

Tout d'un coup, par un de ces brusques revirements com-
muns aux foules indisciplinées, Ali rentra à Alger, porté en
triomphe par ceux qui demandaient sa mort à grands cris quelques jours auparavant. Cette révolution s'expliquera en peu de
mots : il avait réussi. Le grand Seigneur, qui avait besoin des
reïs d'Alger, avait cédé aux exigences de leur chef et lui envoyait le caftan, et seize mille sultanins d'or (2) échangés contre
le concours de seize galères (3). Le corsaire renégat avait eu
raison du Sultan. Une chose échappait toutefois à son ambition :
c'était le titre de Pacha. Ahmed venait d'être nommé en remplacement de Mohammed Boursali. Il avait sans doute reçu des ins-
tructions secrètes ; car, peu de temps après son arrivée, Bitchnin
mourut subitement, et le bruit public fut qu'il avait été empoi-
sonné (4). On lui fit des funérailles royales, et son frère, Sidi
Ramdan hérita de ses biens et de son pouvoir. D'après les mé-

---

(1) « *Marseille, 4 juillet* 1645 : Les Capucins captifs d'Alger sont
» arrivés ici, délivrés par les soins de S. M. la Reine Régente. Ils
» rapportent qu'ils ont rencontré des vaisseaux qui se rendaient à Na-
» varin et que la confusion est si grande à Alger, faute d'argent pour
» payer les soldats, que le Chelibi, nommé Ali-Pichiamin (*sic.*, ci-
» devant gouverneur de ladite ville, avait été contraint de se retirer
» à quarante lieues de là : d'où il témoignait avoir dessein, avec l'as-
» sistance des Mores de la montagne, de s'emparer de ladite ville, qui
» est très-mal pourvue de toutes les choses nécessaires à sa défen-
» se. » (*Gazette de France*, an 1645, p. 618.)

(2) Environ trois cent soixante mille francs.

(3) Voir l'abbé Orse (loc. cit.) et la *Gazette de France*, an 1643, p. 344.

(4) Voir l'abbé Orse (loc. cit.). Le poison, s'il faut en croire les
contemporains, jouait un grand rôle dans la politique intérieure d'Alger. D'Aranda nous raconte que, lorsque le Pacha allait dîner chez
ce même Ali-Bitchnin, il n'y mangeait que des mets qu'il avait fait
apporter lui-même, par des gens à lui et dans des plats couverts : personne ne trouvait la chose extraordinaire. (*Relation*, loc. cit., p. 247.)

moires du temps, il ne sortait qu'entouré d'une garde de cent cavaliers, chose que personne n'avait osé faire avant lui (1).

Pendant ces dernières années, le rôle de la France avait été bien effacé. L'agent du Bastion, Thomas Picquet, qui remplissait les fonctions de vice-consul, avait vu respecter sa personne et ses biens, depuis que les Turcs s'étaient aperçus que le mal qu'ils faisaient aux Établissements retombait sur leur tête ; mais il ne jouissait d'aucune influence. Le Conseil Royal ne l'ignorait pas et modifia l'état des choses aussitôt que l'apaisement des troubles du pays le lui permit, ainsi que nous le verrons dans la prochaine étude.

---

(1) Voir l'abbé Orse, loc. cit.

ALGER. — TYPOGRAPHIE ADOLPHE JOURDAN

www.ingramcontent.com/pod-product-compliance
Lightning Source LLC
Chambersburg PA
CBHW061323050726

47595CB00005B/1786